U0616950

市域铁路信号系统工程

施工工艺标准化图集

方如胜　林　静　杨　广　编著

西南交通大学出版社
·成　都·

图书在版编目（CIP）数据

市域铁路信号系统工程施工工艺标准化图集 / 方如胜，林静，杨广编著. --成都：西南交通大学出版社，2024.1

ISBN 978-7-5643-9585-8

Ⅰ. ①市… Ⅱ. ①方… ②林… ③杨… Ⅲ. ①铁路信号－信号系统－工程施工－标准化－温州－图集 Ⅳ. ①U282-65

中国国家版本馆 CIP 数据核字（2023）第 229774 号

Shiyu Tielu Xinhao Xitong Gongcheng Shigong Gongyi Biaozhunhua Tuji

市域铁路信号系统工程施工工艺标准化图集

方如胜　林　静　杨　广　　编著

责任编辑	梁志敏
封面设计	吴　兵

出版发行	西南交通大学出版社
	（四川省成都市金牛区二环路北一段 111 号
	西南交通大学创新大厦 21 楼）
邮政编码	610031
营销部电话	028-87600564　028-87600533
网址	http://www.xnjdcbs.com
印刷	成都市新都华兴印务有限公司

成品尺寸	185 mm × 260 mm
印张	4.75
字数	116 千
版次	2024 年 1 月第 1 版
印次	2024 年 1 月第 1 次
定价	30.00 元
书号	ISBN 978-7-5643-9585-8

课件咨询电话：028-81435775

编委会名单

主　　任：朱三平

副 主 任：杜运国

主　　编：方如胜　林　静　杨　广

副 主 编：赵　翔　陈驰骋　张　威　廖　毅　马景春

参编人员：郑傲醒　谢尚意　王国桢　陈春华　潘瓯瑜

　　　　　苏美玲　丁宗勾　祝天胞　姜天琦　洪佳阳

　　　　　史常潮　高天慧　饶徐伟　张文杰　曲国顺

前　言
PREFACE

　　《市域铁路信号系统工程施工工艺标准化图集》结合了温州市域铁路 S1 线一期工程和 S2 线一期工程"四电"专业建设经验，是温州市建设标准化管理体系的重要组成部分，旨在规范和统一温州市轨道交通工程建设施工工艺标准，全面提升工程施工质量，为后续温州轨道交通工程及全国市域铁路工程建设提供参考与指导，彰显温州轨道交通工程建设质量。

　　图集主要服务于施工现场工程技术和作业人员，每项作业内容包含工艺标准、安装示意图并配以工程实物图，力求结构简洁、文字简练、通俗易懂，采用图文并茂的形式，以方便现场施工人员学习和掌握。

　　图集主要包含光电缆线路、信号机安装、转辙机安装、计轴设备安装、无线通信设备安装、室内设备安装、应答器安装等 8 类 28 项内容。

　　现场技术人员在使用图集时，应根据工程建设实际情况和设计文件规定，结合建设、设计、监理、维保等单位要求，制定合适的现场施工方案，同时应符合届时的城市轨道交通信号专业施工技术规程、施工验收标准和其他相关规定。

　　图集在编制过程中，得到了温州市交通工程管理中心、中国铁路通信信号上海工程局集团有限公司、浙江众合科技股份有限公司、中铁第四设计勘察院集团有限公司等单位的大力支持与帮助，在此表示衷心的感谢。由于水平有限、时间紧迫，书中难免有疏漏和不足之处，敬请广大读者在实践中予以完善并提出批评与建议。

编　者

2023 年 7 月

目 录
CONTENTS

一、光电缆线路

1.1 光电缆支架安装

工艺要求

（1）隧道、地下区间采用 5 层电缆支架，每个支架应采用 3 个后扩底锚栓紧固，锚栓型号不小于 M10，有效锚固深度不小于 60 mm。

（2）电缆夹层采用 3 层电缆支架，每个支架采用两个 M10×100 的膨胀螺栓紧固，有效锚固深度不小于 60 mm。

（3）支架在带有坡度的隧道内安装时，支架应与隧道的坡度相平行；支架在带有弧度的隧道壁上安装时，支架应与隧道壁的弧度吻合密贴。

（4）支架端部应安装在一条直线上，相邻托臂高低偏差不大于 5 mm，相邻支架间距为 1 m，误差不大于 50 mm。

（5）电缆夹层处 3 层电缆支架安装于距地平 200 mm 处，可根据现场消防水箱、受力柱位置等进行适当调整。

示意图

光电缆支架安装示意图如图 1-1 ~ 图 1-3 所示。

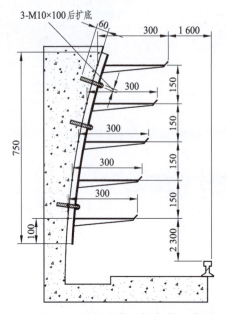

图 1-1　5 层电缆支架安装示意图

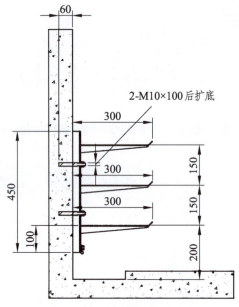

图 1-2　3 层电缆支架安装示意图

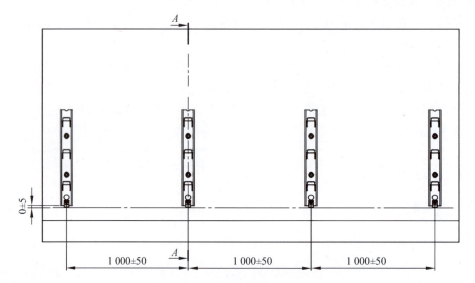

图 1-3　电缆支架安装示意图

实物图

光电缆支架安装实物图如图 1-4～图 1-6 所示。

图 1-4　盾构段支架安装

图 1-5　过渡区域支架安装

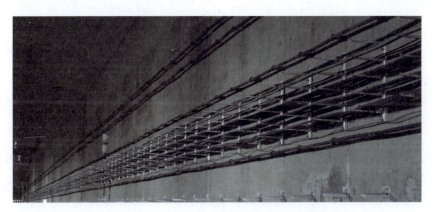

图 1-6　隧道内 5 层电缆支架安装

1.2　光电缆桥架安装

工艺要求

（1）支吊架水平安装间距为 2 m，偏差不大于 2 mm，高度调整要适当，确保每个支吊架都能起到吊拉作用。

（2）桥架与接地干线连接不少于 2 处，桥架跨接处采用无氧铜编织线进行连接。

（3）桥架经过建筑伸缩缝时，须使用伸缩节进行防护，分支、引上、引下处应设适当的弯通。

示意图

光电缆桥架安装示意图如图 1-7、图 1-8 所示。

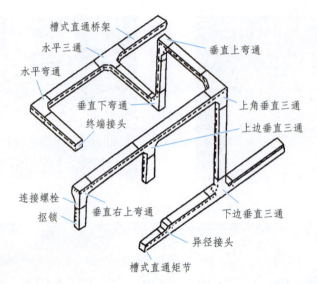

图 1-7　桥架整体结构示意图

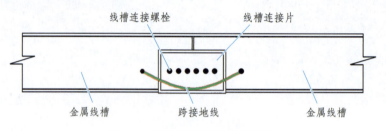

图 1-8　桥架跨接处连接示意图

实物图

光电缆桥架安装实物图如图 1-9、图 1-10 所示。

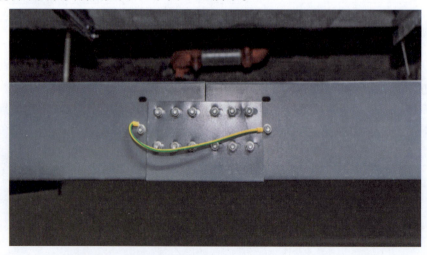

图 1-9　线槽安装效果图

图 1-10　支吊架安装效果图

1.3　光电缆敷设

工艺要求

（1）主干电缆应统一 A、B 端方向，分支电缆依次与 A、B 端相接，统一 B 端引至楼内信号设备。

（2）应答器尾缆弯曲半径不得小于电缆外径的 10 倍，综合护套信号电缆弯曲半径不得小于电缆外径的 15 倍，应答器数据传输电缆弯曲半径不得小于电缆外径的 20 倍。

（3）光电缆于支架上敷设时，根据使用功能分层布设，同层电缆按照距离设备房由近及远从里向外（线路侧）敷设。

（4）光电缆于电缆槽内敷设时，按照距设备房由远及近、自上而下排列，短电缆宜靠近线路侧。

（5）光电缆于电缆槽内敷设时，直线段每隔 5 m 使用绝缘扎带进行绑扎，斜坡、拐弯等特殊部位逐个绑扎；敷设于支架上时，每 2 m 进行一次绑扎。

（6）光电缆备用架、爬架、端头井等部位应挂设铭牌，区间每隔 100 m 宜挂设铭牌，标明光电缆型号、去向、长度、备用芯数等信息。

示意图

光电缆敷设示意图如图 1-11 所示。

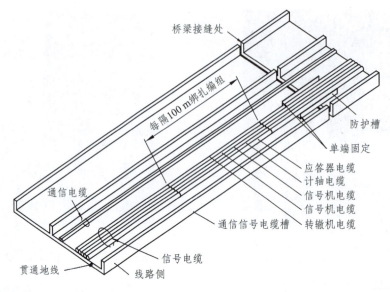

图 1-11　光电缆敷设示意图

实物图

光电缆敷设实物图如图 1-12、图 1-13 所示。

图 1-12　支架电缆敷设效果图

图 1-13　电缆槽内光、电缆敷设效果图

1.4 　光电缆留余

工艺要求

（1）光电缆于引入间内盘留时，转弯及余留量的布放应均匀圆滑、排列整齐、无交叉，不得有硬弯或背扣现象，并符合电缆弯曲半径的要求。

（2）光电缆引入后的储备量应整齐排列在电缆引入室，盘放固定在专用的电缆备用架上，电缆不宜交叉，电缆余留量成 Ω 形布放，留量不应小于 5 m。

（3）室外设备端光电缆余留量不应小于 2 m；当光电缆敷设长度小于 20 m 时，余留量不应小于 1 m；光电缆接续时，接续点两端的余留量不应小于 1 m。

（4）隧道内电缆可于支架底部进行盘圈固定，用于电缆留余。

示意图

光电缆留余示意图如图 1-14、图 1-15 所示。

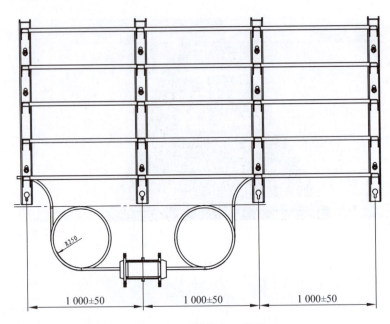

图 1-14　电缆留余示意图

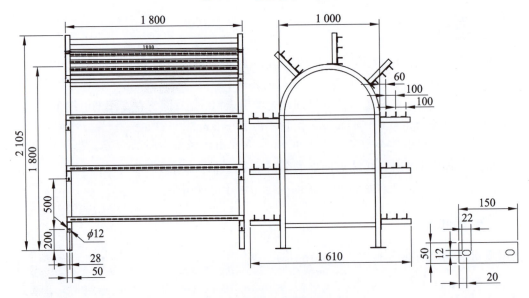

图 1-15　电缆盘留架示意图

实物图

光电缆留余实物图如图 1-16～图 1-18 所示。

图 1-16　引入间电缆盘留

图 1-17　光缆接续留余

图 1-18　光电缆留余

1.5 光电缆防护

工艺要求

（1）光电缆引入室内的引入孔应用防火材料封堵严密。

（2）当采用金属管（槽）作防护时，应经热浸锌、涂漆等防腐处理。各类防护用管（槽）的两端口处应采取相应的保护措施。

（3）通过碎石道床过轨时，防护管两端应各伸出轨枕端不小于 500 mm，并埋于地面 200 mm 以下，管口封堵应严密。

（4）在整体道床处过轨时，防护管两端应各超出轨枕端，并用管卡直接固定在地面上。

（5）穿越排水沟时，防护管长度应大于排水沟宽度，并在排水沟两端用管卡直接固定在地面上。

（6）多根光电缆穿管时，光电缆应平行穿过，光电缆堆积截面尺寸不大于防护管内径的 2/3。

实物图

光电缆防护实物图如图 1-19 ~ 图 1-21 所示。

图 1-19　电缆防护效果图

图 1-20　设备尾缆过排水沟防护

图 1-21　设备尾缆过轨防护及固定

1.6　光电缆接续

🚄 工艺要求

（1）电缆接续要采用电缆接续盒接续的方式，接续应牢固，排列正确、平直，电气性能良好。

（2）当室内设备至轨旁设备的电缆路径小于 300 m 时，该电缆不能采用电缆接续接头，须采用整根电缆。

（3）当室内设备至轨旁设备的光缆路径小于 800 m 时，该光缆不能采用接续接头，须采用整根光缆。

（4）光纤熔接完后，用光纤接头保护管热熔保护。光纤盘于光纤盘留板内最小半径应大于 40 mm。

（5）电缆槽内光电缆接续盒须用支架固定在槽内侧壁，并在槽外靠近线路侧安装金属接续点标识标牌。

示意图

光电缆接续示意图如图 1-22、图 1-23 所示。

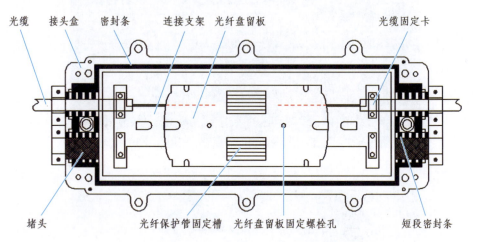

图 1-22　光缆接续盒组装示意图

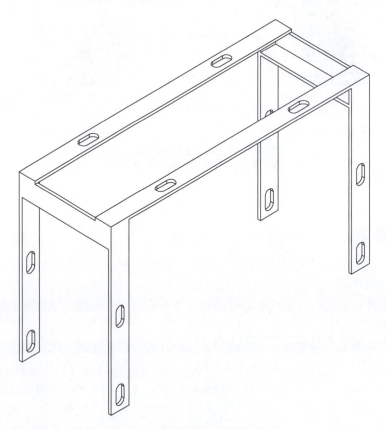

图 1-23　光电缆支架示意图

实物图

光电缆接续实物图如图 1-24、图 1-25 所示。

图 1-24　壁光/电缆缆盒支架安装效果图

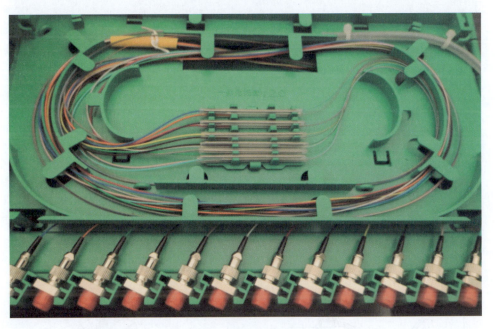

图 1-25　光缆熔接效果图

二、信号机安装

工艺标准

（1）金属支架及连接管采用热浸锌处理。

（2）信号机安装高度、支架边缘距线路中心距离应满足限界要求。

（3）金属支架与混凝土地面采用 4 个 M16×120 加长膨胀螺栓进行固定。

（4）信号机机构与连接管间、连接管与支架间连接螺栓采用螺母紧固，露出螺母外的螺扣不少于 2 个丝纹。

（5）信号机支架采用 25 mm² 地线通过 C 形连接器与贯通地线连接。

（6）电缆槽内信号机底座采用橡胶皮套防护，形成保护层，防止对强电电缆造成磨损。

（7）终端盒至信号机机柱距离为 1 100 mm，尾缆通过固定卡扣固定于电缆槽内。

示意图

立柱式信号机安装示意图如图 2-1、图 2-2 所示。

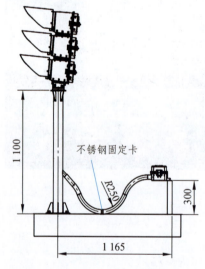

图 2-1　高架区间信号机安装示意图

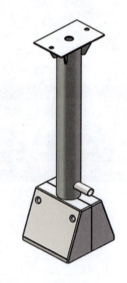

图 2-2　电缆槽内防磨卡具

实物图

立柱式信号机安装实物图如图 2-3、图 2-4 所示。

图 2-3　高架区间信号机安装效果图

图 2-4　出入场段信号机安装效果图

2.2　隧道信号机安装

🚄 工艺标准

（1）支架安装应平稳、牢固，支架顶面应水平。金属基础支架使用前应经热镀锌等防腐处理。

（2）信号机安装高度、支架边缘距线路中心距离应满足限界图要求。

（3）金属支架与隧道壁（墙壁）采用 M10×60 膨胀螺栓固定牢固。支架不得跨越伸缩缝和隧道管片接缝。膨胀螺栓距离管片接缝不小于 50 mm。

（4）信号机机构与支架间连接螺栓采用螺母紧固，露出螺母外的螺扣不少于 2 个丝纹。

（5）信号机支架采用 25 mm²地线与贯通地线连接。

🚄 示意图

隧道信号机安装示意图如图 2-5 所示。

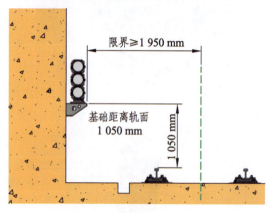
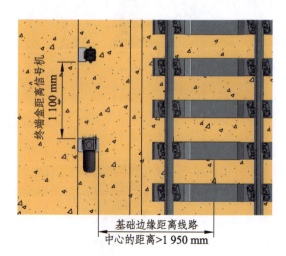

图 2-5　隧道内信号机安装示意图

🚄 实物图

隧道信号机安装实物图如图 2-6 所示。

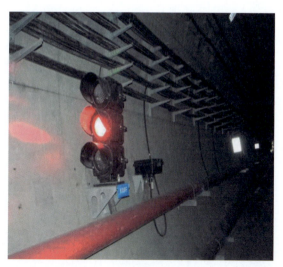 

图 2-6　隧道信号机安装实物图

2.3　矮式信号机安装

工艺标准

（1）信号机安装高度、支架边缘距线路中心距离应满足限界图要求。

（2）信号机基础顶面高于轨面 200～300 mm，埋设深度不小于 500 mm。

（3）信号机机构外壳，采用截面面积不小于 16 mm² 的地线就近接地，接地线采用防护管进行防护。

（4）矮式信号机采用混凝土基础安装，混凝土基础强度及基础埋深应满足设计要求。基础螺栓应垂直，螺栓间距应准确，外露部分应有防锈措施，基础表面应平整光洁并应无缺边掉角现象。

示意图

矮式信号机安装示意图如图 2-7 所示。

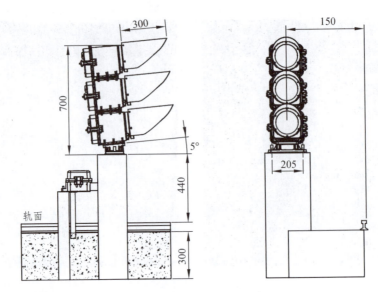

图 2-7 矮柱信号机安装示意图

实物图

矮式信号机安装实物图如图 2-8 ~ 图 2-10 所示。

图 2-8 矮柱信号机安装实物图

图 2-9　平交道口处信号机安装实物图

图 2-10　平交道口处信号机安装实物图

三、转辙机安装

3.1 转辙机安装（内锁闭）

工艺标准

（1）车场转辙机采用角钢进行固定，长基础角钢应与单开道岔直股基本轨或对称形道岔中心线垂直，其偏移量不得大于 20 mm。

（2）密贴调整杆、表示杆或锁闭杆、尖端杆、第一连接杆与长基础角钢之间应平行，其前后偏差均应不大于 20 mm。

（3）密贴调整杆动作时，其空动作距离不得小于 5 mm，连接杆的调整丝扣余量不应小于 10 mm。

（4）短基础角钢背对背放置在长基础角钢，用 M20×60 螺栓连接，调整基础角钢方正后紧固，转辙机置于短基础角钢上，用 M20×100 螺栓连接。

（5）尖轨与基本轨密贴后，自动开闭器动接点应打入静接点组内，接触深度不应小于 4 mm。

（6）道岔在定位和反位时，尖轨与基本轨第一连接杆处有 4 mm 及其以上间隙时，道岔不能锁闭。

示意图

转辙机内锁闭安装示意图如图 3-1、图 3-2 所示。

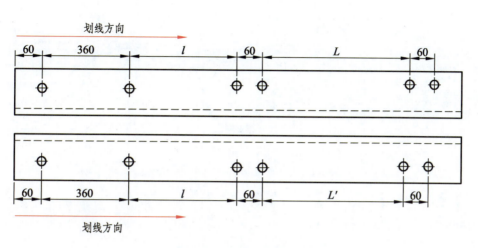

图 3-1　内锁闭装置安装钢轨开孔示意图

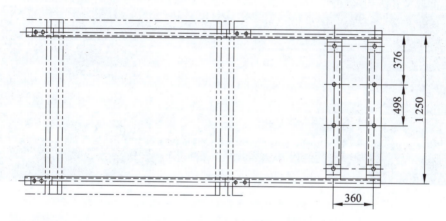

图 3-2　角钢与钢轨连接示意图

实物图

转辙机内锁闭安装实物图如图 3-3～图 3-5 所示。

图 3-3　转辙机整体安装实物图

图 3-4　内锁闭装置安装实物图

图 3-5　道岔整体安装实物图

3.2　转辙机安装（外锁闭）

工艺标准

（1）转辙装置安装前用方尺测量道岔是否方正，测量轨距是否符合标准，检查尖轨应能与基本轨密贴。

（2）安装装置方正、平顺，可动部分在道岔转换过程中动作平稳、灵活，无别劲、卡阻现象。

（3）固定基础托板与无砟道床连接时应牢固，并具备减震措施。

（4）短基础角钢背对背放置在长基础角钢，用 M20×60 螺栓连接，调整基础角钢方正后紧固，转辙机置于短基础角钢上，用 M20×100 螺栓连接。

（5）锁闭框下部两侧的限位螺钉应有效插入锁闭杆两侧导向槽内，不得松脱。

（6）自动开闭器绝缘座安装牢固、完整、无裂纹，动接点打入静接点时，动接点在静接点组内接触深度不应小于 4 mm。

（7）道岔在正常转动时，摩擦连接器不空转，作用良好，因故不能转换到底时，摩擦连接器应空转。

示意图

转辙机外锁闭安装示意图如图 3-6、图 3-7 所示。

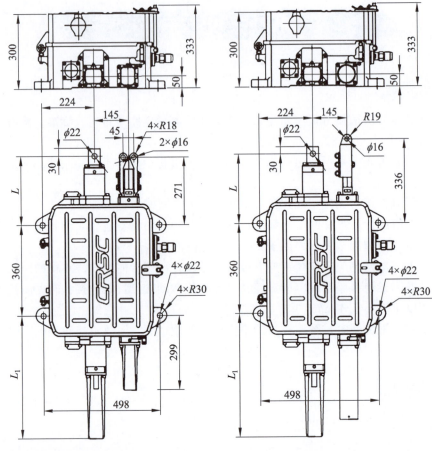

（a）ZD9/ZDJ9 电动转辙机（分动）　　（b）ZD9/ZDJ9 电动转辙机（联动）

图 3-6　转辙机构安装尺寸示意图

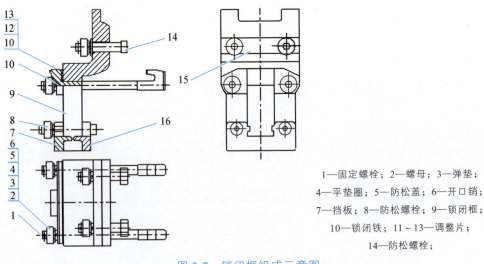

1—固定螺栓；2—螺母；3—弹垫；

4—平垫圈；5—防松盖；6—开口销；

7—挡板；8—防松螺栓；9—锁闭框；

10—锁闭铁；11～13—调整片；

14—防松螺栓；

图 3-7　锁闭框组成示意图

实物图

转辙机外锁闭安装实物图如图 3-8 ~ 图 3-11 所示。

图 3-8 正线区间转辙机安装整体效果图

图 3-9 转辙机杆件安装效果图

图 3-10　正线区间转辙机安装效果图

尖轨连接铁

锁钩

锁闭框

锁闭铁

锁闭杆

图 3-11　外锁闭装置安装效果图

四、计轴设备安装

4.1　计轴磁头安装

工艺标准

（1）绝缘垫片、绝缘管安装正确、无遗漏，组装固定装置。

（2）计轴磁头相对于金属物体的感应距离满足设计要求，与钢轨接缝、轨连线、均流线距离应不小于 1 m。

（3）磁头的安装位置应满足设计要求，磁头安装应采用绝缘材料与钢轨隔离。

（4）绝缘垫片、绝缘管安装正确、无遗漏，组装固定装置。

示意图

计轴磁头安装示意图如图 4-1 所示。

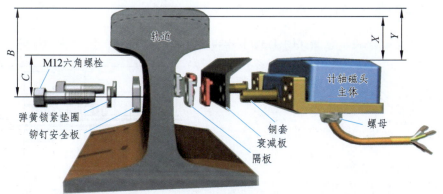

B—钻孔位置距轨顶距离：（86.5±1.0）mm；C—钻孔位置距轨道外弧距离（矩形轮廓）；

X—轨顶至车轮传感器顶部中心距离（矩形轮廓）；Y—轨顶至车轮传感器顶部中心距离（新轨道为 45 mm）。

图 4-1　计轴磁头安装分解示意图

实物图

计轴磁头安装实物图如图 4-2 所示。

图 4-2　磁头安装实物图

4.2　计轴箱盒及尾缆安装

工艺标准

（1）计轴箱盒安装高度、支架边缘距线路中心距离应满足限界图要求

（2）计轴磁头电缆应采用橡胶软管防护，并应采用卡箍固定。过水沟时应采用镀锌钢管防护。

（3）计轴磁头自带标准 5 m 尾缆，不得裁剪，进入电缆终端盒内不得预留不超过环绕终端 2 圈（约 50 cm）的余量。

（4）计轴磁头尾缆需穿橡胶管防护，并用 Ω 形卡具固定，严禁闭合；橡胶管口用防水密封垫圈密封后加卡箍卡紧，并将橡胶管固定在传感器保护支架上。

示意图

计轴箱盒及尾缆安装示意图如图 4-3、图 4-4 所示。

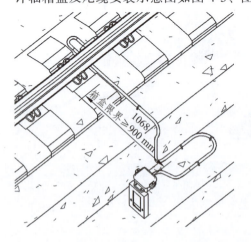
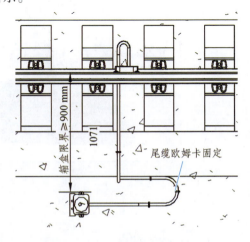

图 4-3　正线计轴箱盒安装示意图

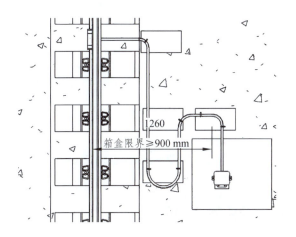
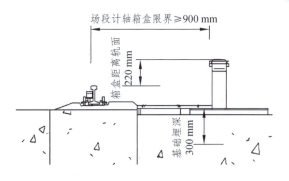

图 4-4　场段计轴箱盒安装示意图

实物图

计轴箱盒及尾缆安装实物图如图 4-5、图 4-6 所示。

图 4-5　正线计轴箱盒安装实物图

图 4-6　车场计轴箱盒安装实物图

五、无线通信设备安装

5.1　RRU 设备安装

工艺标准

（1）设备边缘距离线路中心应满足限界要求。

（2）每处组成设备底部应在同一水平面上。

（3）设备及附件应无变形，表面应无损伤，镀层、漆饰应完整无脱落，铭牌、标识应完整清晰。

（4）正线区段使用定制支架进行固定，隧道内采用热浸锌膨胀螺栓固定于隧道壁上。

（5）备用线缆及馈线应盘成"○"形，并采用扎带固定在备用支架上。

（6）接地采用 16 mm² 地线与接地铜排进行连接。

示意图

RRU 设备安装示意图如图 5-1、图 5-2 所示。

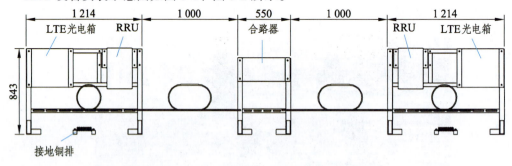

图 5-1　正线 RRU 支架安装示意图

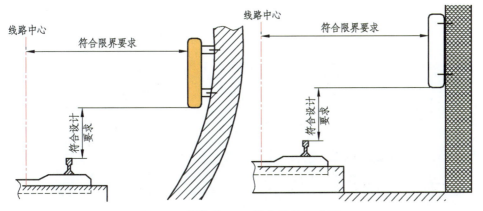

图 5-2　壁挂式 RRU 设备安装示意图

实物图

RRU 设备安装实物图如图 5-3 ~ 图 5-6 所示。

图 5-3　室内安装实物图

图 5-4　室外安装实物图

图 5-5　轨行区整体安装实物图

图 5-6 段场内整体安装实物图

5.2   漏缆敷设

工艺标准

（1）泄漏同轴电缆（以下简称漏缆）敷设时，不应与其他线缆交叉，如无法避免时，应注意将漏缆敷设与防护在外侧，避免其他线缆阻挡漏缆的信号覆盖。

（2）漏缆通过卡具进行固定，每 1 m 用一个卡具固定，每 10 m 用一个防火卡具对漏缆进行固定。

（3）隧道外漏缆上吊夹前，钢丝承力索应加 3 000 N±300 N 的张紧力。

（4）高架段漏缆安装高度距离轨面 7 cm，发射角度对准平板天线中心位置，水平距离为 60 cm，特殊情况下水平距离不能超过 2 m。

（5）漏缆在敷设过程中，严禁急剧弯曲，其弯曲半径应不小于外径的 20 倍。

（6）漏缆接续处采用 1/2 馈线进行连接，并盘成○形固定。

实物图

漏缆敷设实物图如图 5-7 ~ 图 5-10 所示。

图 5-7　特殊区段漏缆敷设效果图

图 5-8　高架区间漏缆敷设效果图

$d=350\sim400$ mm

图 5-9　漏缆接续效果图

图 5-10　存车线漏缆敷设效果图

5.3 室分天线安装

工艺标准

（1）专用、商用和公安无线天线的安装位置水平间距不小于 1 000 mm。

（2）天线与跳线的接头用防水胶带进行包封。接头附近馈线宜做滴水弯。

（3）天线与跳线接头段需用金属软管防护。

（4）跳线或者射频电缆需从桥架侧面开孔引出，开孔处须设胶垫防护引出。

示意图

室分天线安转示意图如图 5-11 所示。

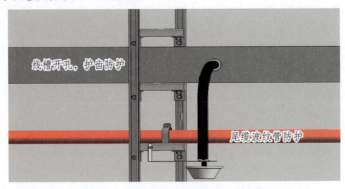

图 5-11 室分天线安装示意图

实物图

室分天线安转实物图如图 5-12 所示。

5-12 室分天线安装实物图

六、室内设备安装

6.1 机柜安装

工艺标准

（1）机柜底座采用热浸锌支架，电源屏、UPS 电源柜、电池柜的底座应采用 75 mm×75 mm×7 mm 的角钢制作，其他机柜的底座应采用 63 mm×63 mm×6 mm 的角钢制作。

（2）机柜底座用 M10×90 膨胀螺栓在地面紧固，与机柜用 M12×60 连接螺栓紧固，安装高度与防静电地板标高一致。

（3）机柜正面应平齐，水平度每米偏差不应大于 2 mm，垂直偏差应不大于高度的 1‰，相邻机柜相互靠拢时其间隙不大于 3 mm。

（4）机柜漆面色调应一致，无脱漆现象，金属底座应经热浸锌、涂漆等防腐处理。

（5）机柜丝印字体采用楷体，字体高度为 25 mm，颜色为黑色；两边丝印对称布置，字体中线距离柜门顶部 53 mm，字体边缘距离柜门侧边 52 mm。

示意图

机柜安装示意图如图 6-1 所示。

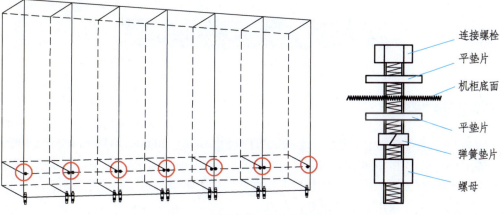

图 6-1 机柜与底座固定示意图

实物图

机柜安装实物图如图 6-2 ~ 图 6-5 所示。

图 6-2　S2 线机柜安装效果图

图 6-3　S2 线机柜安装效果图

图 6-4　S1 线机柜安装效果图

图 6-5　S1 线机柜安装效果图

6.2　室内线缆敷设

工艺标准

（1）室内电缆于走线架上敷设，走线架采用尺寸不小于 30 mm × 44 mm × 2 mm 的铝合金型材拼装，走线架的横挡间隔距离宜为 300 mm，拐弯处适当加密，横挡应在同一水平面上。

（2）室内线缆敷设采用上下分设的走线方式，电源电缆、地线和光缆采用下走线方式布设，控制电缆、网线采用上部走线方式布设。

（3）线缆外护套根据功能采用不同颜色进行区分，标准如表 6-1 所示。

（4）线缆使用固线器固定，并采用内六角螺栓连接，线缆固定间距与线缆走向整体协调。

表 6-1　线缆外护套标准

走线方式	线缆大类	线缆小类	线缆外护套颜色	备注
下走线	电源线	220 V 电源线	黄色	常规黄色
		380 V 电源线	红色	常规红色
		其他电源线	黑色	常规黑色
	光缆	黑色	黑色	黑色
	地线	黄绿地线	黄绿地线	黄绿色相间
上走线	联锁、监测接口	采集线	黑色	RAL 色卡 9005
		驱动线	灰色	RAL 色卡 7011
	柜间线	信号机	绿色	PANTONE 色卡 555C
		转辙机	黑色	PANTONE 色卡 BLACK 6C
		计轴	棕色	PANTONE 色卡 7518C
		其他	蓝色	PANTONE 色卡 2186C
	网线	LTE 网线	黄色	标准黄色网线
		安全网	灰色	标准灰色网线
		非安全网	淡蓝色	PANTONE 色卡 2141C

实物图

室内线缆敷设实物图如图 6-6 ~ 图 6-10 所示。

图 6-6　室内走线架安装效果图

图 6-7　室内下走线效果图

图 6-8　室内上走线效果图　　　　　　　　图 6-9　室内上走线效果图

图 6-10　成端柜上走线效果图

6.3　机柜内部配线（电源线）

工艺标准

（1）根据配线端子远近将电源线排列好，距配线端子远的电源线排在外侧，距配线端子近的电源线排在内侧。

（2）电源线弯出一个合适的弧度后，以该线长度为标准，将所有电源线剪成同样长度，套入印有标识的胶管。

（3）插接端子连接时，使用专用工具将电源线插入弹簧接线端子孔（配线要求一孔一线），铜线不外露、不得压接绝缘外皮。

实物图

机柜内部电源线配线实物图如图 6-11 ~ 6-13 所示。

图 6-11　电源屏配线

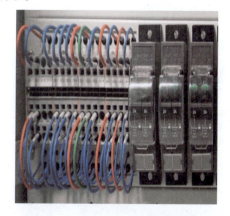

图 6-12　组合柜零层配线

图 6-13　电源屏配线

6.4　机柜内部配线（侧面端子）

工艺标准

（1）线缆从线槽引出后，按照配线位置将 01 ~ 03 端子上的配线分别绑成小线把，要求 1 ~ 18 号端子上的配线安装由外向里排列。

（2）3 个小线把绑好后合绑成 1 个大线把，3 个线把按照 01 ~ 03、04 ~ 06 从里到外排列，绑扎间距均匀。

（3）绑好后的线把须用扎带固定在端子板下方。

（4）按照专用卡尺标示的 1~18 号端子位置，留好配线长度，并套入印有标识的套管。

🚄 实物图

机柜内部侧面端子配线实物图如图 6-14 所示。

图 6-14　侧面端子配线效果图

6.5　机柜内部配线（接口柜、分线柜、系统柜）

🚄 工艺标准

（1）线槽中的线缆按照短线在内、长线在外的原则布放，出线端固定后，与接线端子相对应。

（2）电缆芯线应保持弧度一致，芯线端部剥线长度为 8~9 mm，使用专用工具将接线帽插入弹簧接线端子孔。

（3）软线的剥线长度与冷压接线帽的金属部分相等，将线芯穿入接线帽并压紧。

（4）采用航空插头焊接配线时，将软线剥去 2 ~ 3 mm 长的绝缘外皮，线头绞合后套热缩管施焊，焊点应光滑饱满、无毛刺，无硬脖、假焊、虚焊现象。

（5）由机柜背面穿到机柜正面端子的所有线缆应保持弧度一致，套入印有标识的套管。

实物图

机柜内部接口柜、分线柜、系统柜配线实物图如图 6-15 ~ 图 6-19 所示。

图 6-15　接口柜背面配线效果图

图 6-16　分线柜软线配线效果图

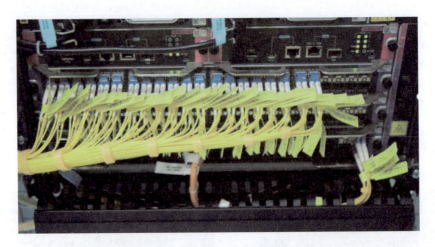

图 6-17　DCS 机柜配线图

图 6-18　ODF 架配线图

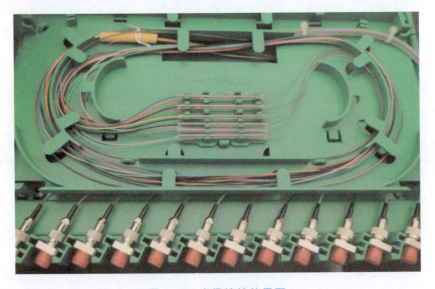

图 6-19　光缆熔接效果图

6.6　电缆引入成端

工艺标准

（1）电缆进楼后，分别于电缆间、设备室内完成一次、二次成端，各类成端方式电缆分层排放时，每层电缆应排列顺直不交叉。

（2）室内采用专门的成端柜完成二次成端，电缆自分线柜底部引入，开剥口依次余留钢带 15 mm、铝护套 15 mm、内护套 50 mm，将钢带和铝护套采用 1.5 mm² 铜导线分别接到柜内电缆屏蔽接地铜排，电缆成端完成后，成端处采用热缩方式密封。

实物图

电缆引入成端实物图如图 6-20 ~ 图 6-22 所示。

图 6-20　二次成端效果图

图 6-21　一次成端效果图

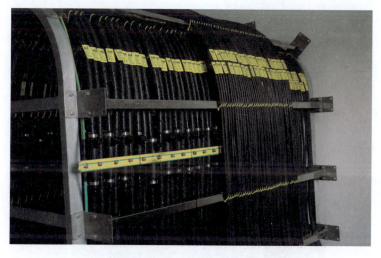

图 6-22　一次成端整体效果图

6.7 防雷配电箱安装

工艺标准

（1）电源防雷箱中心距地面或防静电地板面 1 500 mm ± 200 mm，外电网监测箱底面应与电源防雷箱底面平齐。

（2）电源防雷箱、外电网监测箱采用锚栓固定于墙面，安装应水平、方正，连接应紧固。

（3）防雷箱内部配线整齐、性能应符合设计和相关技术要求。

实物图

防雷配电箱安装实物图如图 6-23、图 6-24 所示。

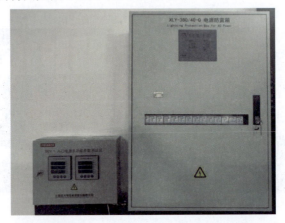

图 6-23　S2 线防雷配线箱安装效果图

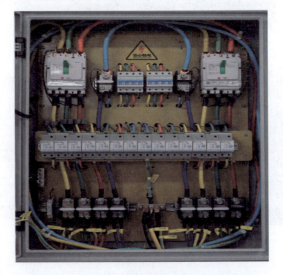

图 6-24　S2 线防雷配电箱内部配线效果图

七、应答器安装

7.1　应答器底座安装

工艺标准

（1）应答器底座应安装于轨道中间，其周围无金属，空间位置应符合下列要求：

① 应答器平行于长边的中心线，两侧无金属距离不应小于 315 mm。

② 应答器平行于短边中心线，两侧无金属距离不应小于 410 mm。

③ 应答器 X 轴基准标记点至下部无金属距离正常情况下不应小于 210 mm，特殊情况下不小于 140 m。

（2）底座采用 M10 的螺栓固定于道床，螺栓顶部距离道床平面约 20 mm。

（3）应答器底座 X 轴基准标记应设于两钢轨中间 $S/2$ 处，X 轴基准标记沿 Y 轴方向允许横向偏移为 $S/2±15$ mm。

（4）应答器底座上平面应与两钢轨面平行，前后面应与钢轨面垂直，左右面应与钢轨平行。

示意图

应答器底座安装示意图如图 7-1、图 7-2 所示。

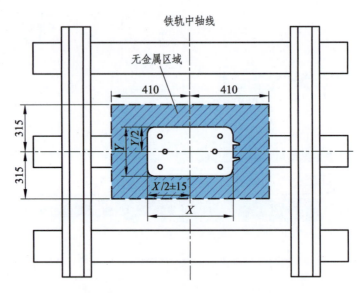

图 7-1　应答器底座安装位置示意图

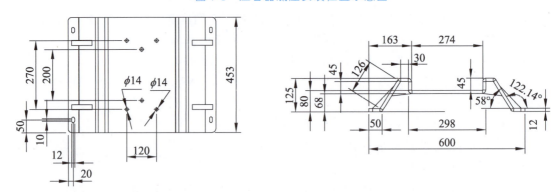

图 7-2　应答器底座示意图

实物图

应答器底座安装实物图如图 7-3、图 7-4 所示。

图 7-3　应答器底座安装实物图

图 7-4　应答器底座安装实物图

7.2　应答器尾缆及箱盒安装

🚄 工艺标准

（1）应答器过轨尾缆须用卡扣固定于道床上，过轨尾缆平直；尾缆余量盘成 U 形，固定于道床旁。

（2）过轨尾缆须用防护套进行防护，且弯曲半径符合要求。

（3）应答器箱盒距离轨面满足限界要求。

🚄 示意图

应答器尾缆机箱盒安装示意图如图 7-5、图 7-6 所示。

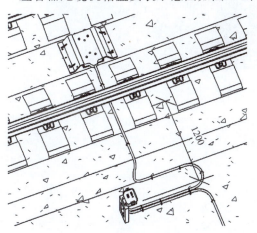

图 7-5　应答器箱盒安装示意图

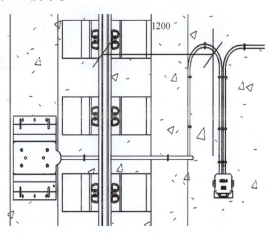

图 7-6　应答器尾缆固定示意图

实物图

应答器尾缆箱盒安装实物图如图 7-7、图 7-8 所示。

图 7-7　应答器尾缆固定实物图

图 7-8　应答器尾缆固定实物图

八、其他设备安装

8.1 接地设备安装

工艺标准

（1）贯通地线与接地端子采用 L 形连接件可靠连接，端子无松动。

（2）贯通地线应利用土建防水层保护层的混凝土或单独采用水泥砂浆包封方式与其余线缆物理隔离。

（3）信号设备室内信号接地箱与综合接地箱之间接线应连接正确、可靠。

（4）分支地线与贯通地线采用 C 形压接件进行连接，搭接长度 L 不小于 100 mm。

（5）室外设备地线连接后，应进行接地电阻测试，接地电阻不得大于 1 Ω。

示意图

接地设备安装示意图如图 8-1 ~ 图 8-3 所示。

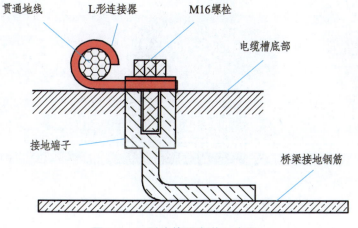

图 8-1 L 形连接器安装示意图

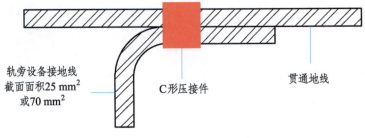

图 8-2　C 形连接器安装示意图

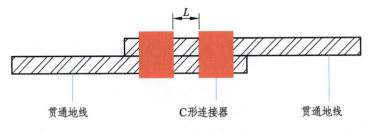

图 8-3　贯通地线连接示意图

实物图

其他设备安装实物图如图 8-4、图 8-5 所示。

图 8-4　贯通地线敷设效果图

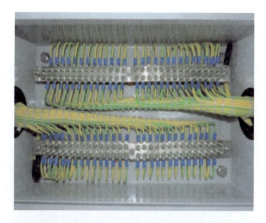

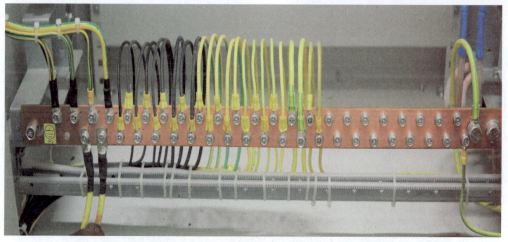

图 8-5　室内地线配线效果图

8.2　紧急停车设备安装

🚄 工艺标准

（1）发车指示器配线引入管口处应采取防护措施，防护管应采用卡箍固定。

（2）紧急停车按钮箱的安装位置、安装高度应满足设计要求；安装在站台上的按钮箱不得妨碍乘客通行。

（3）按钮装置应安装平顺、牢固，各部件组装应完整，箱盘体应无破损、裂纹、脱焊、锈蚀现象。

🚄 示意图

紧急停车设备安装示意图如图 8-6 所示。

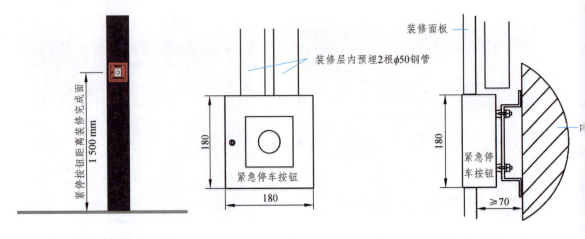

图 8-6　紧急停车按钮安装示意图

实物图

紧急停车设备安装实物图如图 8-7、图 8-8 所示。

图 8-7　紧急停车按钮安装效果图

图 8-8　紧停按钮配线效果图

<table>
<tr><td>8.3</td><td>箱盒安装及配线</td></tr>
</table>

工艺标准

（1）箱盒的安装位置、安装高度及距线路中心的距离应满足设计要求。

（2）电缆引入成端后应灌注冷封胶固定，胶面应高于金属屏蔽层。

（3）引入箱盒内的电缆应在端子上与其他电缆或设备软电线进行连接，每根芯线应留有能做 2~3 次线环的余量。

（4）电缆芯线余留合适的长度，做成鹅头弯，使每一根芯线的弯曲度相同。

（5）备用芯线盘成弹簧状放在电缆根部，芯线保证能配至最远端子。

实物图

箱盒安装及配线实物图如图 8-9 ~ 图 8-11 所示。

图 8-9　转辙机终端盒配线

图 8-10　信号机终端盒配线

图 8-11　方向盒配线效果图

8.4　立板式地面硬化

工艺标准

（1）车场硬面化采用立板式 SMC 高强度复合材料。

（2）设备硬化面高度与水泥枕木顶面相同，基础及设备边缘至硬化面边缘 250～300 mm 范围内，围桩水平方正、整体牢固。

（3）转辙机平台围桩安装时应在转辙机底部预留 100 mm 以上的维修空间，枕木侧挡砟墙高度应与枕木顶面相平，动作杆、表示杆及长角钢处预留缺口，不影响设备正常工作。

实物图

立板式地面硬化实物图如图 8-12 ～图 8-15 所示。

图 8-12　转辙机安装硬化面效果图

图 8-13　复合型材料硬化面制作整体效果图

图 8-14　方向盒硬化面制作效果图

图 8-15　终端盒硬化面制作效果图

8.5　设备标识

工艺标准

（1）设备各铭牌文字和符号标志应正确、清晰、齐全。

（2）室外设备标识采用蓝底白字标牌，设备标识的名称及编号书写、标识位置应符合设计要求及相关技术规定。

（3）机柜丝印字体采用楷体，字体高 25 mm，颜色为黑色；两边丝印对称布置，字体中线距离门顶部 53 mm，字体边缘距离柜门侧边 52 mm。

实物图

设备标识实物图如图 8-16～图 8-22 所示。

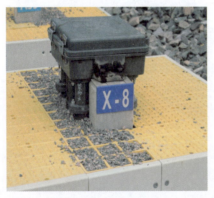

图 8-16　方向盒标识

图 8-17　信号机终端盒标识

图 8-18 应答器标识

图 8-19 电缆警示标识

图 8-20 转辙机箱盒标识

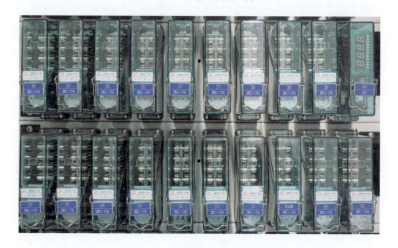

图 8-21 设备标识整体效果图

图 8-22　室内设备标识效果图

九、设备定型图

| 9.1 | 信号机支架 |

各种信号支架的示意图如图 9-1 ~ 图 9-6 所示。

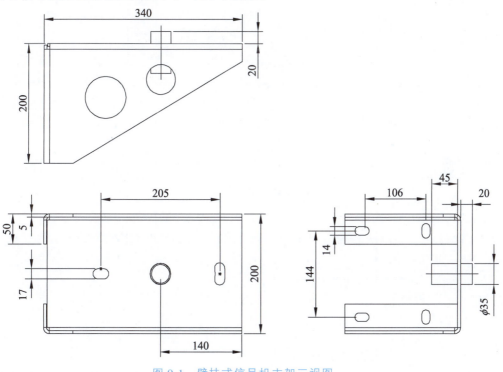

图 9-1　壁挂式信号机支架三视图

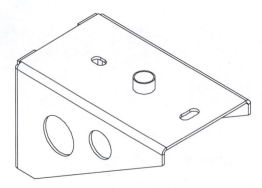

图 9-2　壁挂式信号机支架

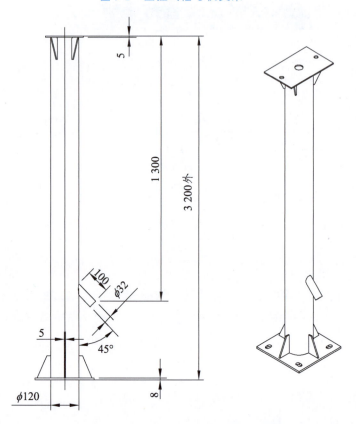

图 9-3　立柱式信号机支架

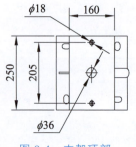

图 9-4　支架顶部

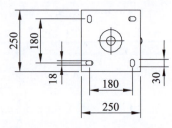

图 9-5　支架底座

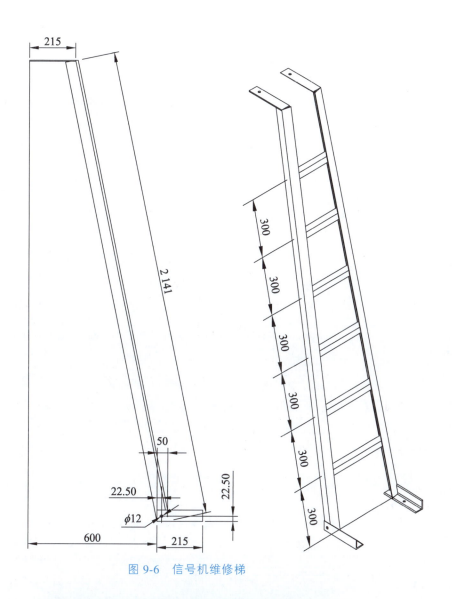

图 9-6　信号机维修梯

9.2　终端/方向盒支架

各种终端/方向盒示意图如图 9-7 ~ 图 9-9 所示。

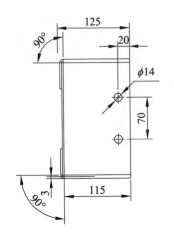
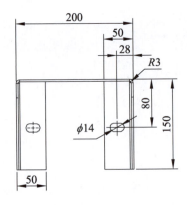
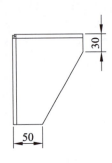

图 9-7　直壁式终端盒支架三视图

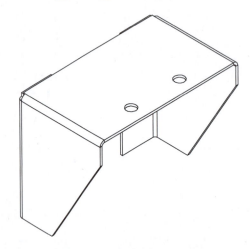

图 9-8　直壁式终端盒支架

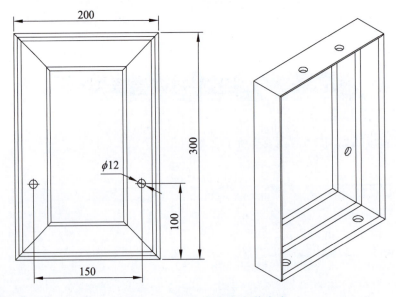

图 9-9　12/24 方向盒安装底座

9.3　其他附件

其他附件的示意图如图 9-10 ~ 图 9-14 所示。

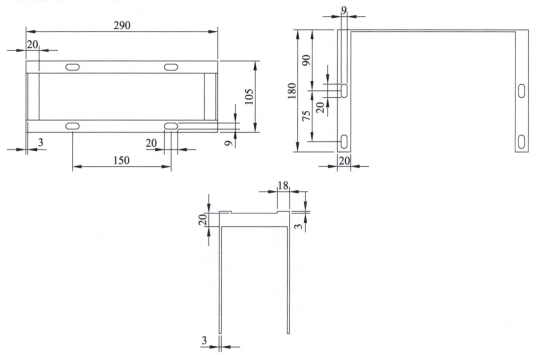

图 9-10　光电缆接续盒支架三视图

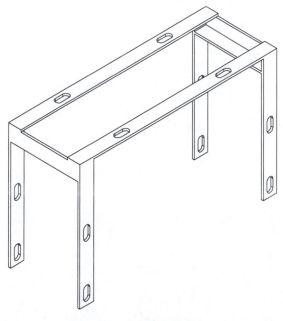

图 9-11　光电缆接续盒

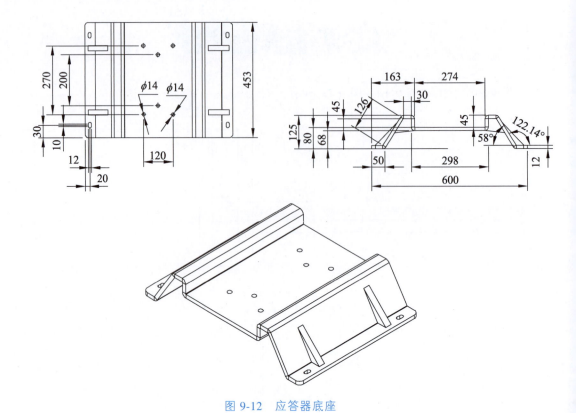

图 9-12　应答器底座

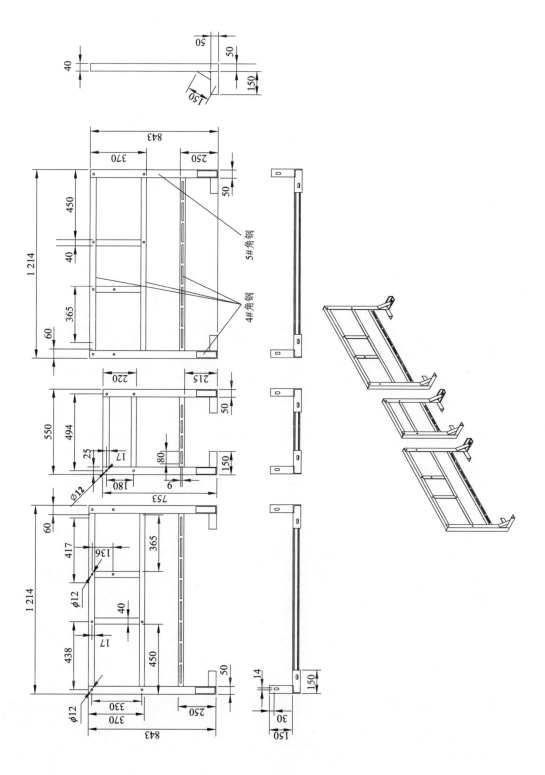

图 9-13　区间 RRU 固定支架

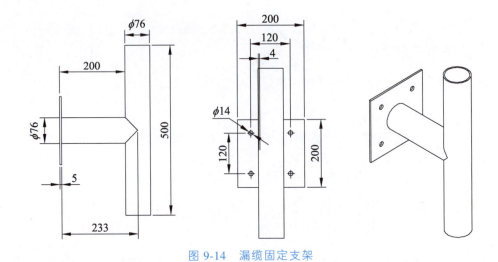

图 9-14　漏缆固定支架

参考文献

[1] 中国建筑标准设计研究院.地铁工程机电设备系统重点施工工艺——通信信号系统[M].北京：中国计划出版社，2014.

[2] 中华人民共和国住房和城乡建设部.城市轨道交通通信工程质量验收规范[M]. 北京：中国计划出版社，2016.

[3] 中国城市轨道交通协会.城市轨道交通车地综合通信系统（LTE-M）设计、工程规范第4部分：施工[M]. 北京：中国铁道出版社，2018.